1

AF287266

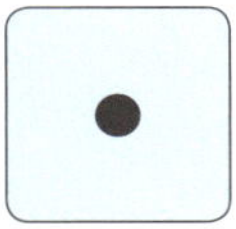

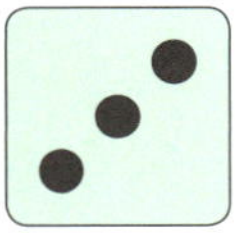

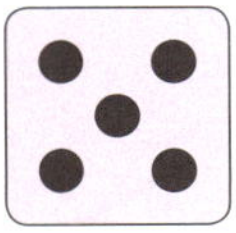

Gegenstände finden und zählen

1

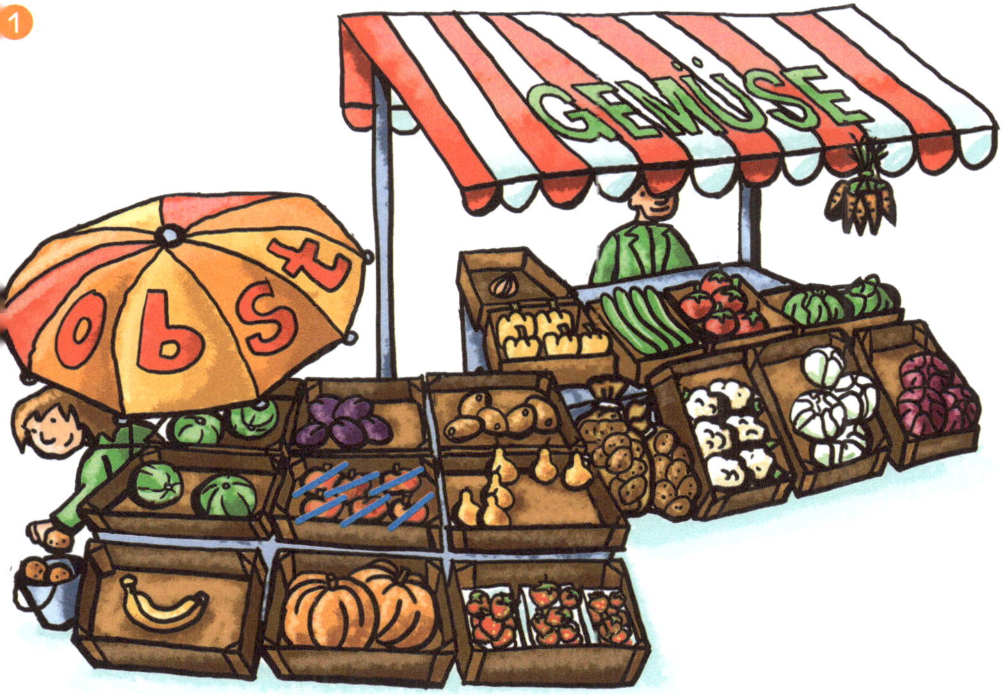

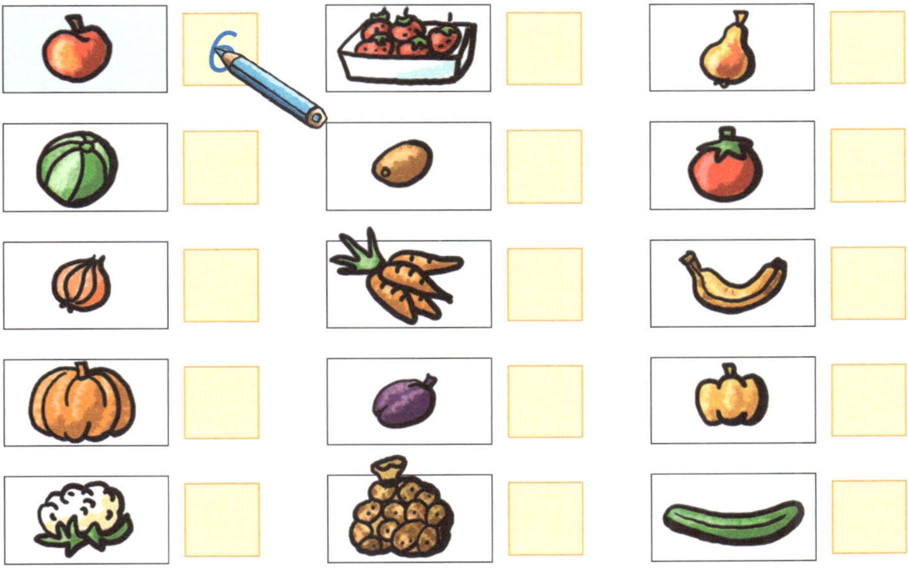

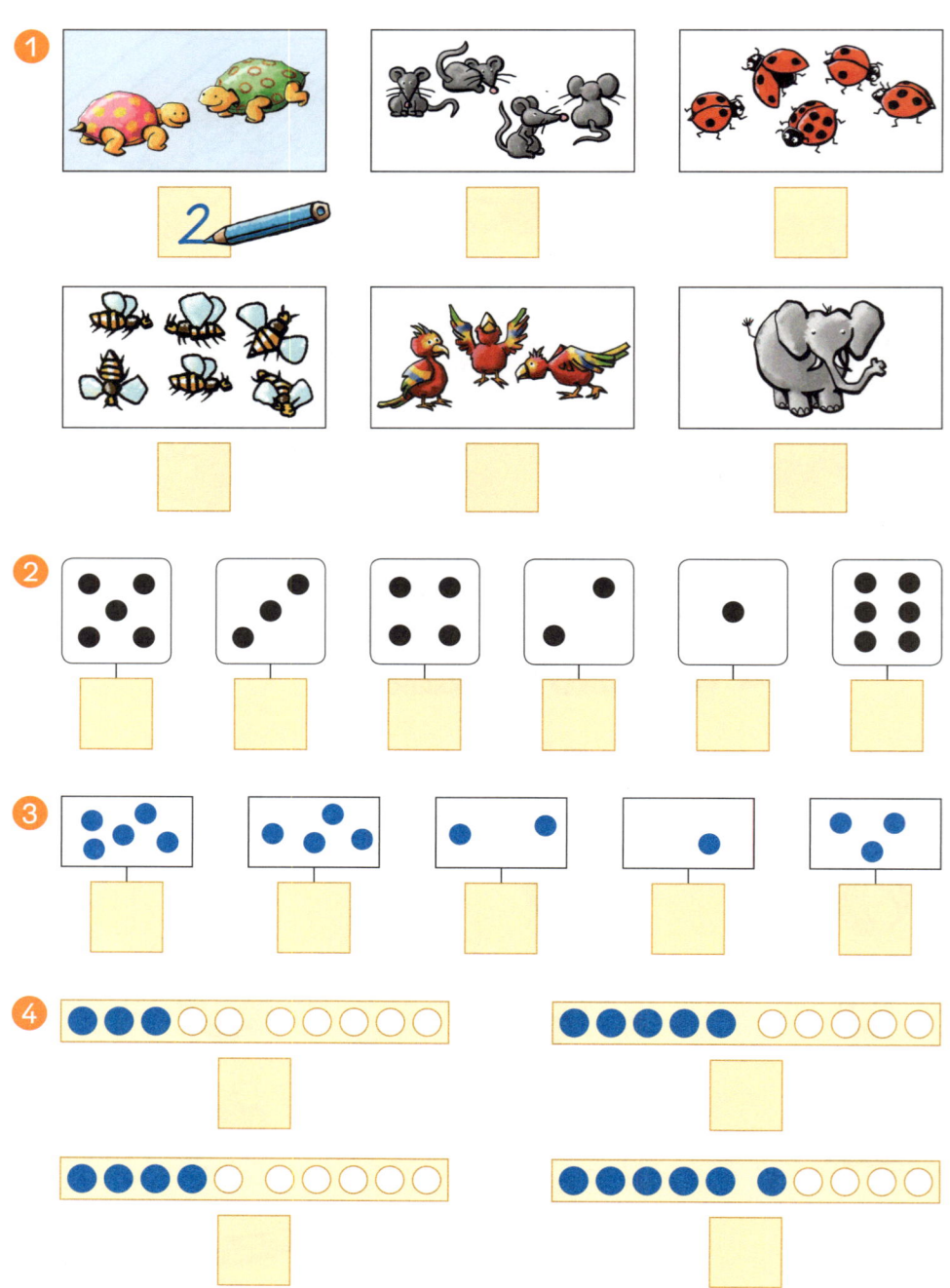

1

| 2 | 3 | 4 | | | 1 | 2 | | | 4 | 5 | |

| | 4 | | | | 2 | | | | 5 | |

| | | 6 | | | | 4 | | | | 3 |

| | | 5 | 3 | | | | | 4 | |

2

| 1 | 2 | | 4 | | 6 |

| | 3 | | 5 | 6 | | | 2 | 3 | |

| | | 3 | | | | 3 | 4 | | |

| 1 | | | | 5 | |

| | 2 | | | | | | 4 | | |

| | | 3 | 4 | | |

Würfelbilder und Zahlen vergleichen

1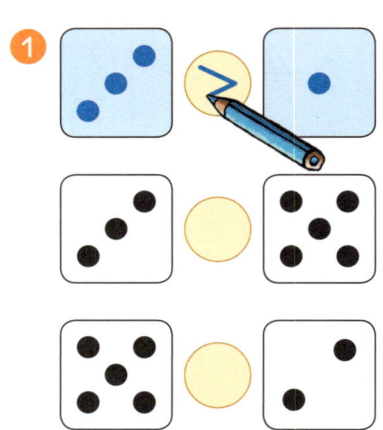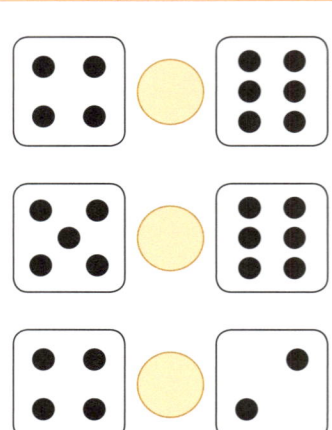

2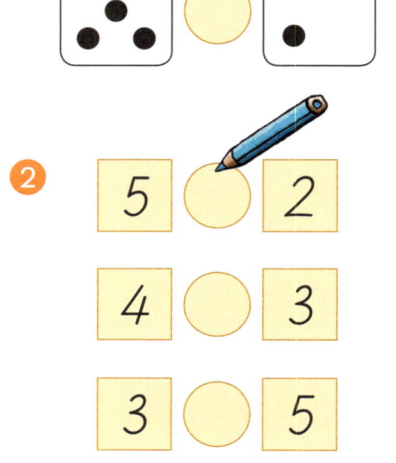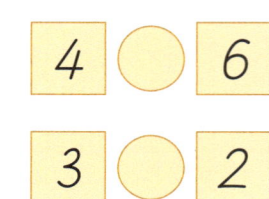

3

1

Bildern passende Plusaufgaben zuordnen

1

| 2 + 3 | 1 + 2 | 1 + 3 | 1 + 4 |

2

| 2 + 4 | 3 + 3 | 3 + 2 | 4 + 1 |

3

| 1 + 2 | 1 + 3 | 3 + 2 | 4 + 2 |

1

$4+2=$ ☐

$2+3=$ 5

$3+1=$ ☐

$2+1=$ ☐

$1+3=$ ☐

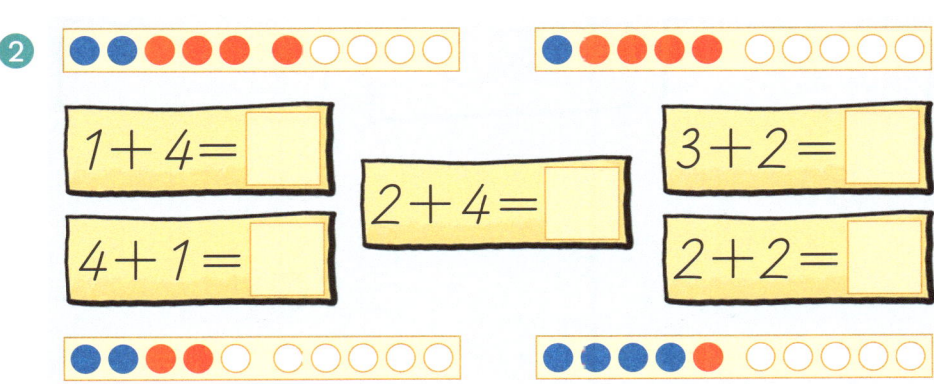

2

$1+4=$ ☐

$4+1=$ ☐

$2+4=$ ☐

$3+2=$ ☐

$2+2=$ ☐

3

$1+3=$ ☐

$2+1=$ ☐

$3+3=$ ☐

$5+1=$ ☐

$1+5=$ ☐

1

$2 + 3 =$ ☐ $1 + 3 =$ ☐ $4 + 2 =$ ☐

$2 + 1 =$ ☐ $3 + 2 =$ ☐ $1 + 5 =$ ☐

$3 + 1 =$ ☐ $5 + 1 =$ ☐ $4 + 1 =$ ☐

$1 + 4 =$ ☐ $2 + 4 =$ ☐ $1 + 2 =$ ☐

2

$3 + 2 = 5$ $1 + 3 =$ ☐

$2 + 3 =$ ☐   ☐ $+$ ☐ $=$ ☐

$4 + 2 =$ ☐ $2 + 1 =$ ☐

☐ $+$ ☐ $=$ ☐   ☐ $+$ ☐ $=$ ☐

$2 + 2 =$ ☐ $4 + 1 =$ ☐

☐ $+$ ☐ $=$ ☐   ☐ $+$ ☐ $=$ ☐

Plusaufgaben üben

1

$4 + 2 = \boxed{}$

$5 + 1 = \boxed{}$

$2 + 3 = \boxed{}$

$1 + 4 = \boxed{}$

$1 + 2 = \boxed{}$

$2 + 2 = \boxed{}$

2

$\boxed{} + \boxed{} = 5$

$\boxed{} + \boxed{} = 6$

$\boxed{} + \boxed{} = 5$

$\boxed{} + \boxed{} = 6$

$\boxed{} + \boxed{} = 5$

$\boxed{} + \boxed{} = 6$

3

$3 + 1 + 2 = \boxed{}$

$2 + 1 + 2 = \boxed{}$

$1 + 1 + 2 = \boxed{}$

$3 + 1 + 1 = \boxed{}$

$1 + 2 + 3 = \boxed{}$

$2 + 2 + 2 = \boxed{}$

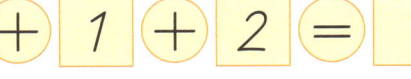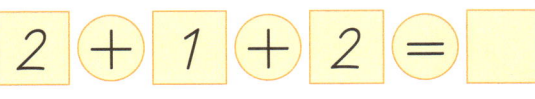

1

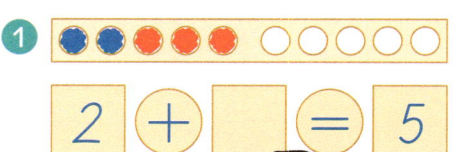

$2 + \boxed{} = 5$

$1 + \boxed{} = 4$

$4 + \boxed{} = 6$

$2 + \boxed{} = 4$

2

$3 + \boxed{} = 5$ $\quad$ $5 + \boxed{} = 6$

$2 + \boxed{} = 6$ $\quad$ $3 + \boxed{} = 4$

$1 + \boxed{} = 5$ $\quad$ $1 + \boxed{} = 6$

$3 + \boxed{} = 6$ $\quad$ $1 + \boxed{} = 3$

3

$4 + 1 + \boxed{} = 6$

$1 + 1 + \boxed{} = 5$

$2 + 1 + \boxed{} = 4$

$2 + 3 + \boxed{} = 6$

Bildern passende Minusaufgaben zuordnen

1

| 3 – 1 | 4 – 1 | 6 – 4 | 6 – 2 |

2

| 4 – 3 | 5 – 3 | 4 – 2 | 5 – 2 |

3

| 6 – 3 | 4 – 3 | 5 – 2 | 5 – 3 |

1

$4 - 2 =$

$2 - 1 =$

$5 - 3 =$

$5 - 1 = 4$

$3 - 2 =$

2

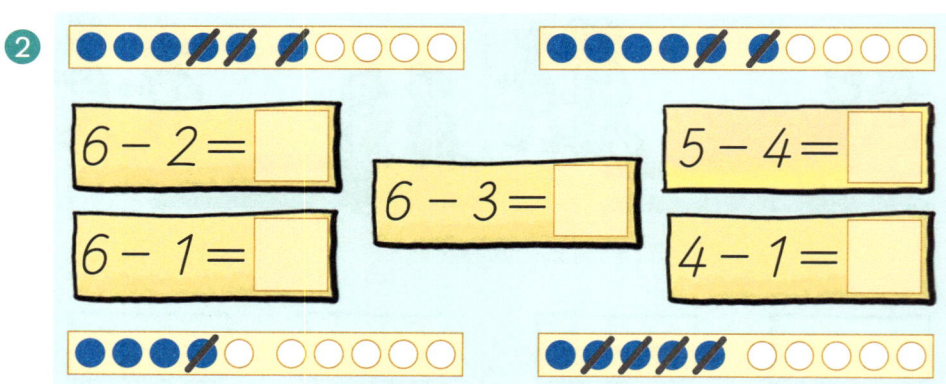

$6 - 2 =$

$6 - 3 =$

$5 - 4 =$

$6 - 1 =$

$4 - 1 =$

3

$4 - 3 =$

$6 - 5 =$

$4 - 2 =$

$6 - 1 =$

$3 - 1 =$

Minusaufgaben üben

1

$3 - 2 = \boxed{}$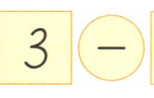

$5 - 4 = \boxed{}$

$5 - 1 = \boxed{}$

$4 - 3 = \boxed{}$

$6 - 5 = \boxed{}$

$3 - 1 = \boxed{}$

2

$\boxed{} - \boxed{} = 2$

$\boxed{} - \boxed{} = 1$

$\boxed{} - \boxed{} = 2$

$\boxed{} - \boxed{} = 1$

$\boxed{} - \boxed{} = 2$

$\boxed{} - \boxed{} = 1$

3

$6 - 2 - 3 = \boxed{}$

$5 - 1 - 3 = \boxed{}$

$4 - 2 - 1 = \boxed{}$

$6 - 4 - 1 = \boxed{}$

$5 - 1 - 1 = \boxed{}$

$6 - 1 - 2 = \boxed{}$

Ergänzungsaufgaben lösen

1

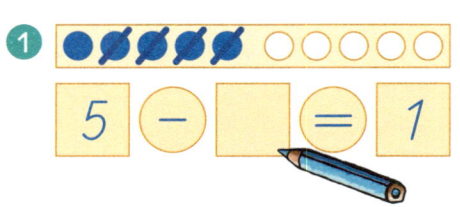

$5 - \boxed{} = 1$

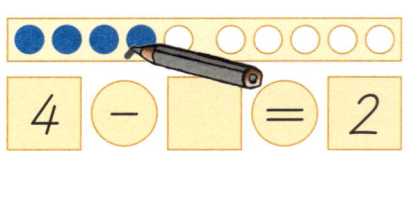

$4 - \boxed{} = 2$

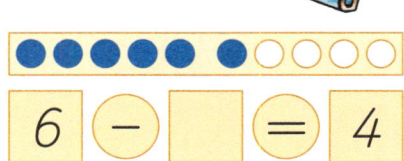

$6 - \boxed{} = 4$

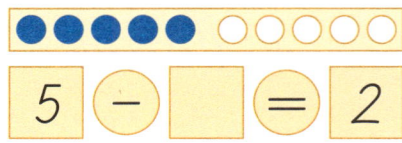

$5 - \boxed{} = 2$

2

$5 - \boxed{} = 3$ $5 - \boxed{} = 4$

$6 - \boxed{} = 3$ $3 - \boxed{} = 2$

$4 - \boxed{} = 1$ $6 - \boxed{} = 1$

$6 - \boxed{} = 2$ $4 - \boxed{} = 3$

3

$4 - 1 - \boxed{} = 2$

$3 - 1 - \boxed{} = 1$

$5 - 3 - \boxed{} = 1$

$6 - 2 - \boxed{} = 2$

16   Addition und Subtraktion der Zahlen von 1 bis 6 *Minusaufgaben*

Umkehraufgaben zuordnen und lösen

1

$2 + 1 = 3$

$\square - \square = \square$

$\square + \square = \square$

$3 - \square = \square$

$\square + \square = \square$

$\square - \square = \square$

2

$2 + 3 = 5$

$6 - 4 = \square$

$5 - 2 = \square$

$1 + 5 = \square$

$2 + 4 = \square$

$6 - 5 = \square$

$5 - 3 = \square$

$3 + 2 = \square$

Das passende Ergebnis zuordnen

1

2+2		5		3+1
2+3		4		4+2
3+3		6		1+4

2

4−2		1		6−3
4−3		3		6−5
5−2		2		5−3

3

1+1		1		5−4
3−2		2		6−2
2+2		3		6−4
2+3		4		1+2
6−3		5		4+2
5+1		6		6−1

Plus- und Minusaufgaben bis 7 üben

1 2 ✏️ gelb 4 ✏️ grün 5 ✏️ rot 6 ✏️ braun 7 ✏️ blau

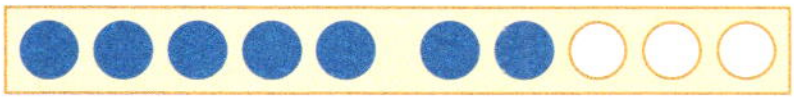

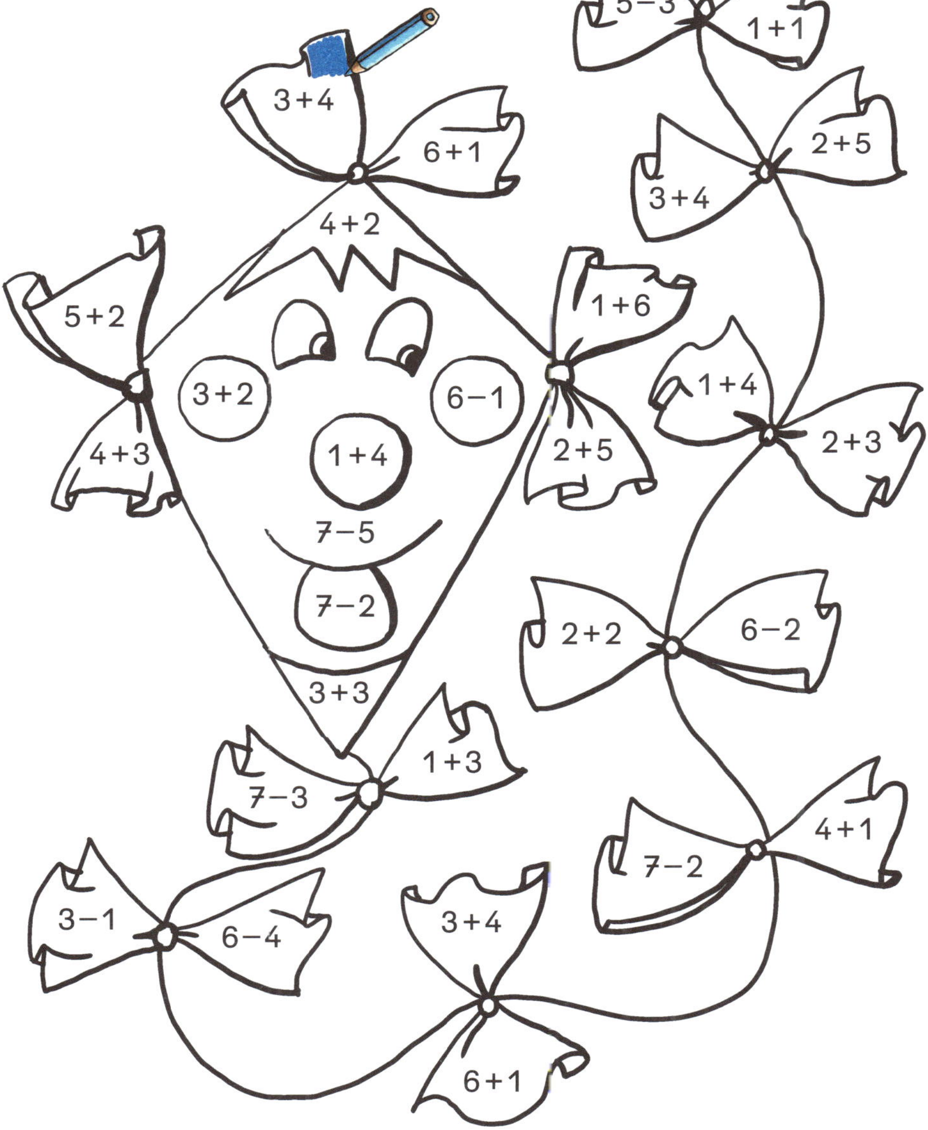

5−3   1+1

3+4   6+1

2+5

3+4

4+2

5+2   1+6

3+2   6−1   1+4   2+3

4+3   1+4   2+5

7−5

7−2   2+2   6−2

3+3

1+3

7−3   7−2   4+1

3−1   6−4   3+4

6+1

●●●●● ●●●○○

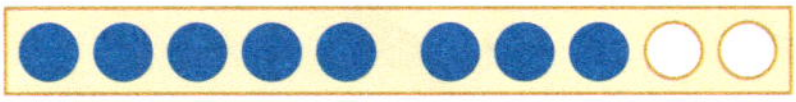

1

5+2	4	8 – 5	1
4+4	5	8 – 3	2
1+3	6	8 – 7	3
3+2	7	8 – 6	4
2+4	8	8 – 4	5

2

3+4	8 – 2	2+3	3+3
3+1	8 – 3	4+3	8 – 1
1+2	8 – 1	8 – 2	7 – 2
5+1	8 – 4	5 – 1	7 – 4
1+4	8 – 5	2+1	2+2

Plus- und Minusaufgaben bis 9 üben

●●●●● ●●●●○

1

9   9   9   9

| 1 | 8 | | 4 | | | 2 | | | 6 |

3 + 3 = ☐   8 − 6 = ☐
4 + 5 = ☐   7 − 3 = ☐
6 + 3 = ☐   9 − 5 = ☐
2 + 6 = ☐   8 − 4 = ☐

2

9   9   9

| 2 | 0 | 7 | | 4 | 3 | | | | 4 | 4 |

2 + 3 + 4 = ☐
1 + 7 + 1 = ☐
9 − 4 − 3 = ☐
8 − 6 − 1 = ☐

1

1

Haus 10: 3 | 7

Haus 8: 6 | ☐

Haus 10: ☐ | 5

Haus 9: ☐ | 8

Haus 9: 2 | ☐

2

Haus 9: 3 | ☐ / 1 | ☐

Haus 10: 8 | ☐ / ☐ | 4

Haus 7: 2 | ☐ / ☐ | 3 / 6 | ☐

3

Haus 8: 1 | ☐ / ☐ | 5 / 7 | ☐ / ☐ | 4

Haus 10: 5 | ☐ | 3 / ☐ | 1 | 6

Haus 10: 1 | ☐ / ☐ | 3 / 6 | ☐

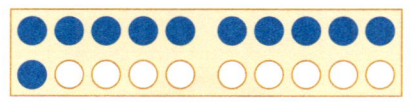

1 8 rot   9 blau   10 gelb   11 grün

4 + 4	3 + 8	8 + 1	7 + 3
2 + 8	2 + 6	7 + 4	4 + 5
2 + 7	9 + 1	5 + 3	9 + 2
6 + 5	6 + 3	4 + 6	1 + 7

2 2 grün   3 gelb   4 blau   5 rot

8 − 5	10 − 6	8 − 4	9 − 6
10 − 8	11 − 6	9 − 4	11 − 9
6 − 4	7 − 2	10 − 5	9 − 7
10 − 7	9 − 5	11 − 7	11 − 8

1

$3 + 8$ 11

10

12

9

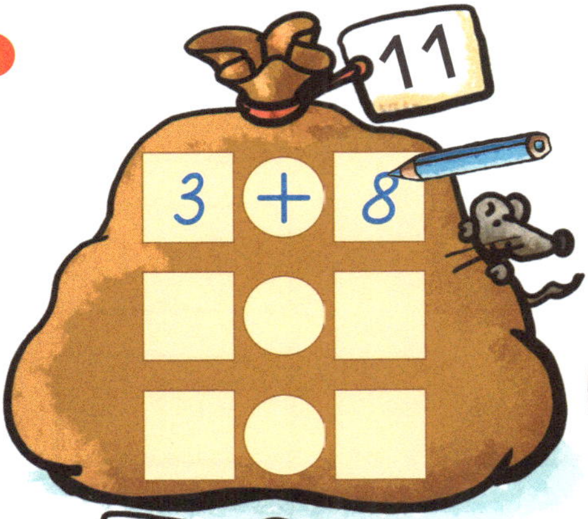

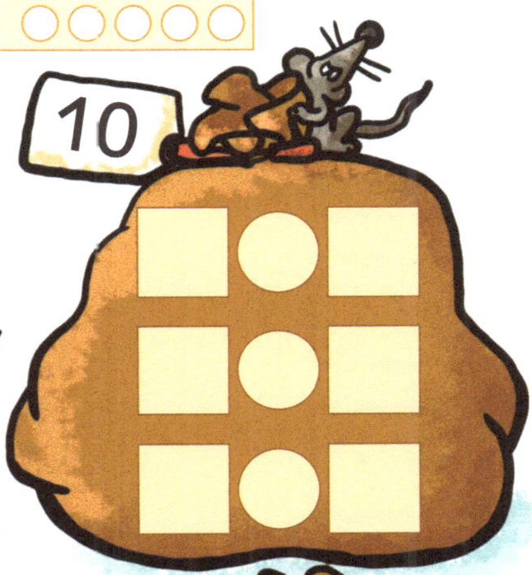

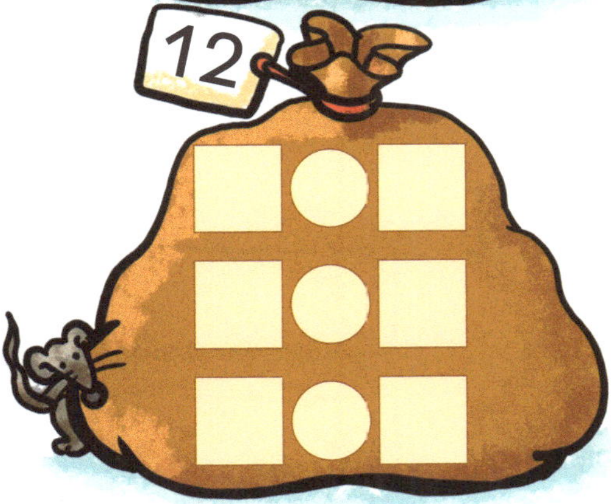

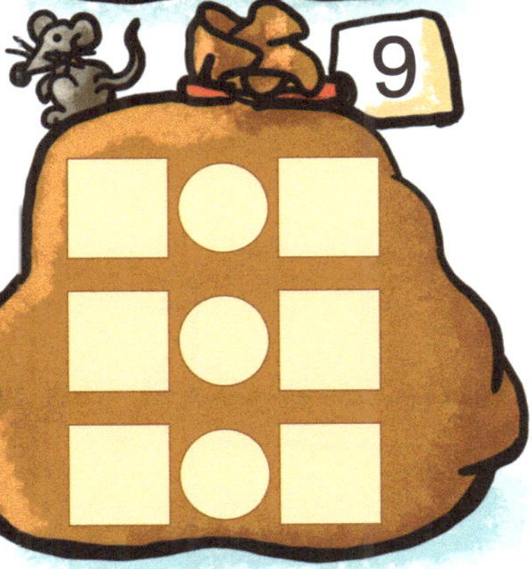

$3 + 8$ $6 + 6$ $11 - 2$

$7 + 5$ $11 - 1$ $9 + 3$

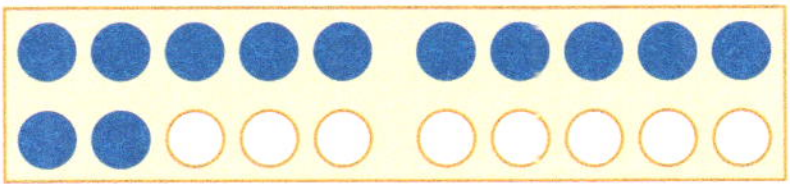

$4 + 6$ $5 + 6$ $3 + 7$

$7 + 2$ $12 - 1$ $10 - 1$

Plus- und Minusaufgaben bis 13 üben

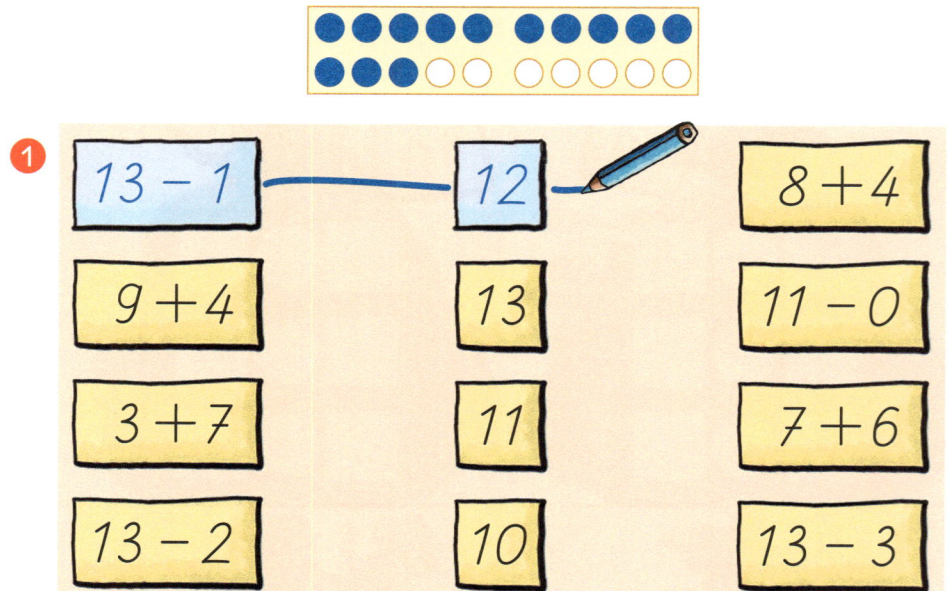

1

13 − 1	12	8 + 4
9 + 4	13	11 − 0
3 + 7	11	7 + 6
13 − 2	10	13 − 3

2

6 + 6	13	5 ◯ ☐
5 ◯ ☐	10	6 ◯ ☐
11 ◯ ☐	12	12 ◯ ☐
10 ◯ ☐	11	11 ◯ ☐
12 ◯ ☐	9	6 ◯ ☐

Zahlen bis 13 zerlegen

1 • • • • • • • • • • ○○○○○ ○○○○○

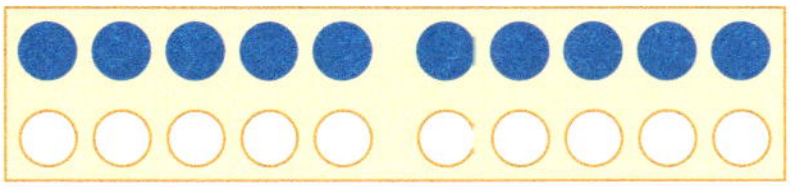

10

6	4
	1
5	
3	
	10

10

5	2
1	6
	3	4
2	
6	

2 • • • • • • • • • • • ○○○○ ○○○○○

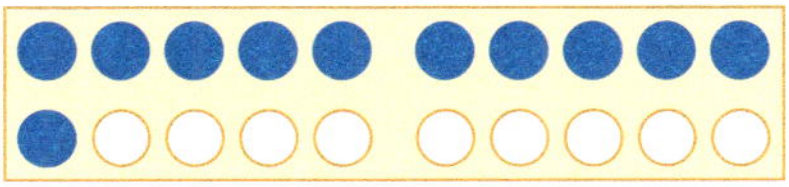

11

	3
	5
10	
	9
4	

11

3	7
9	1
2	2
	1
5	

3 • • • • • • • • • • • • ○○○ ○○○○○

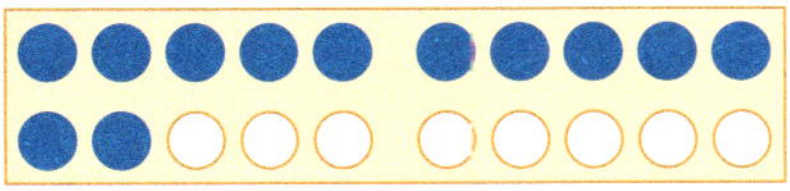

12

8	
	6
5	
	3
2	

12

6	5
	3	3
4	8
	5
2	

4 • • • • • • • • • • • • • ○○ ○○○○○

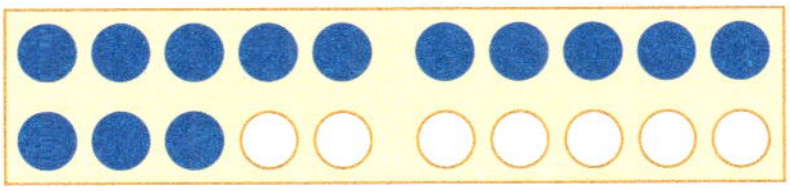

13

	4
10	
	6
2	
	8

13

8	4
	4	5
1	1
	7
3	

1

18

14

11

10

15

20

2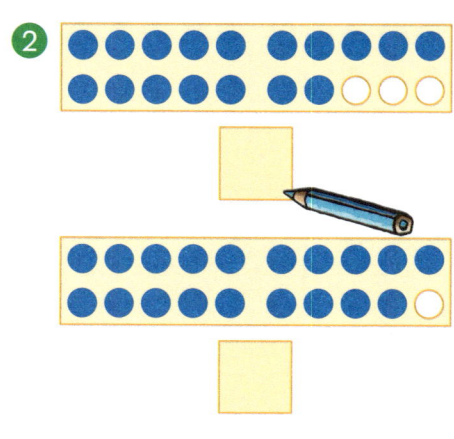

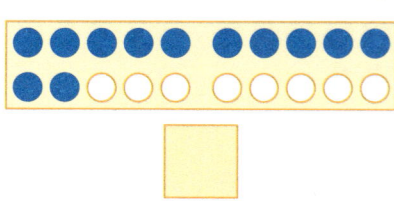

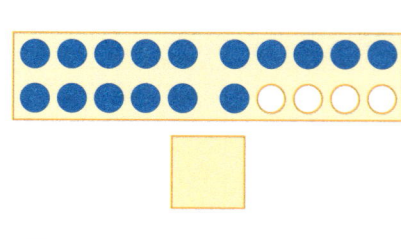

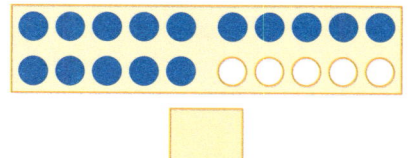

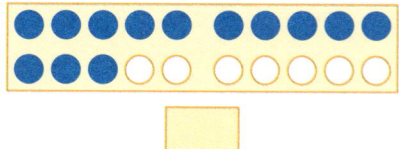

Zahlen in Zehner und Einer zerlegen

1

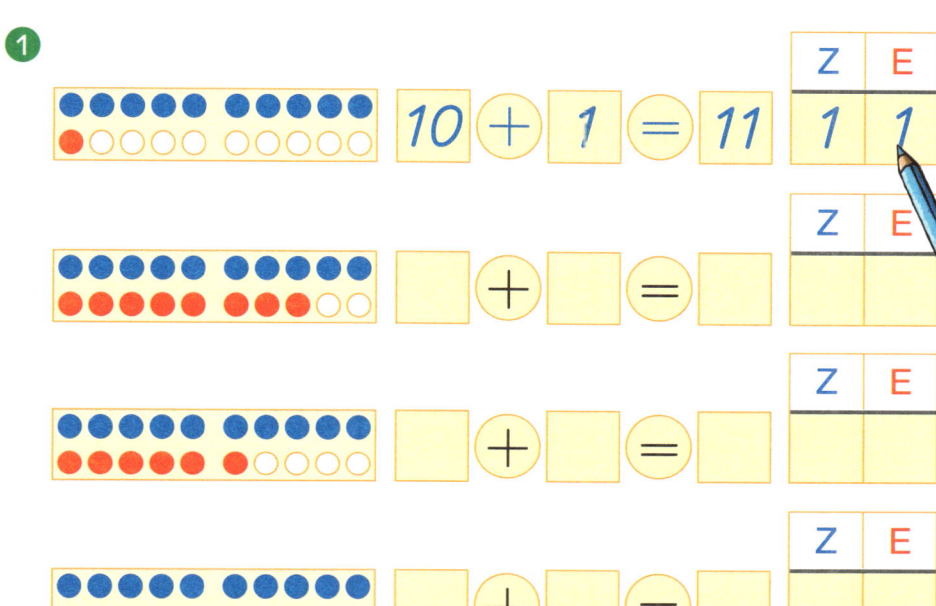

	Z	E
$10 + 1 = 11$	1	1

	Z	E
$\square + \square = \square$		

	Z	E
$\square + \square = \square$		

	Z	E
$\square + \square = \square$		

2

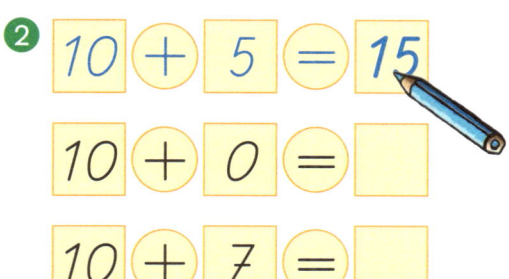

$10 + 5 = 15$

$10 + 0 = \square$

$10 + 7 = \square$

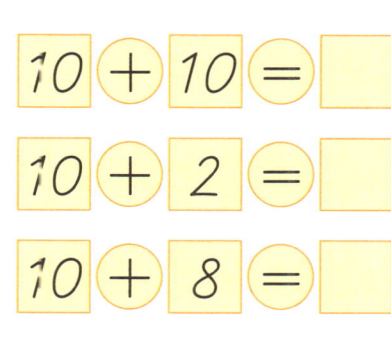

$10 + 10 = \square$

$10 + 2 = \square$

$10 + 8 = \square$

3

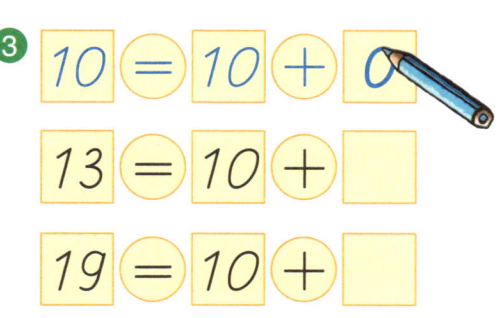

$10 = 10 + 0$

$13 = 10 + \square$

$19 = 10 + \square$

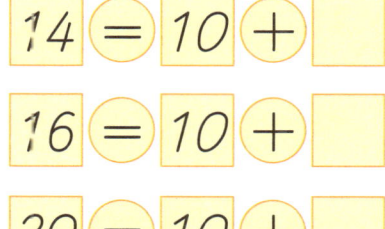

$14 = 10 + \square$

$16 = 10 + \square$

$20 = 10 + \square$

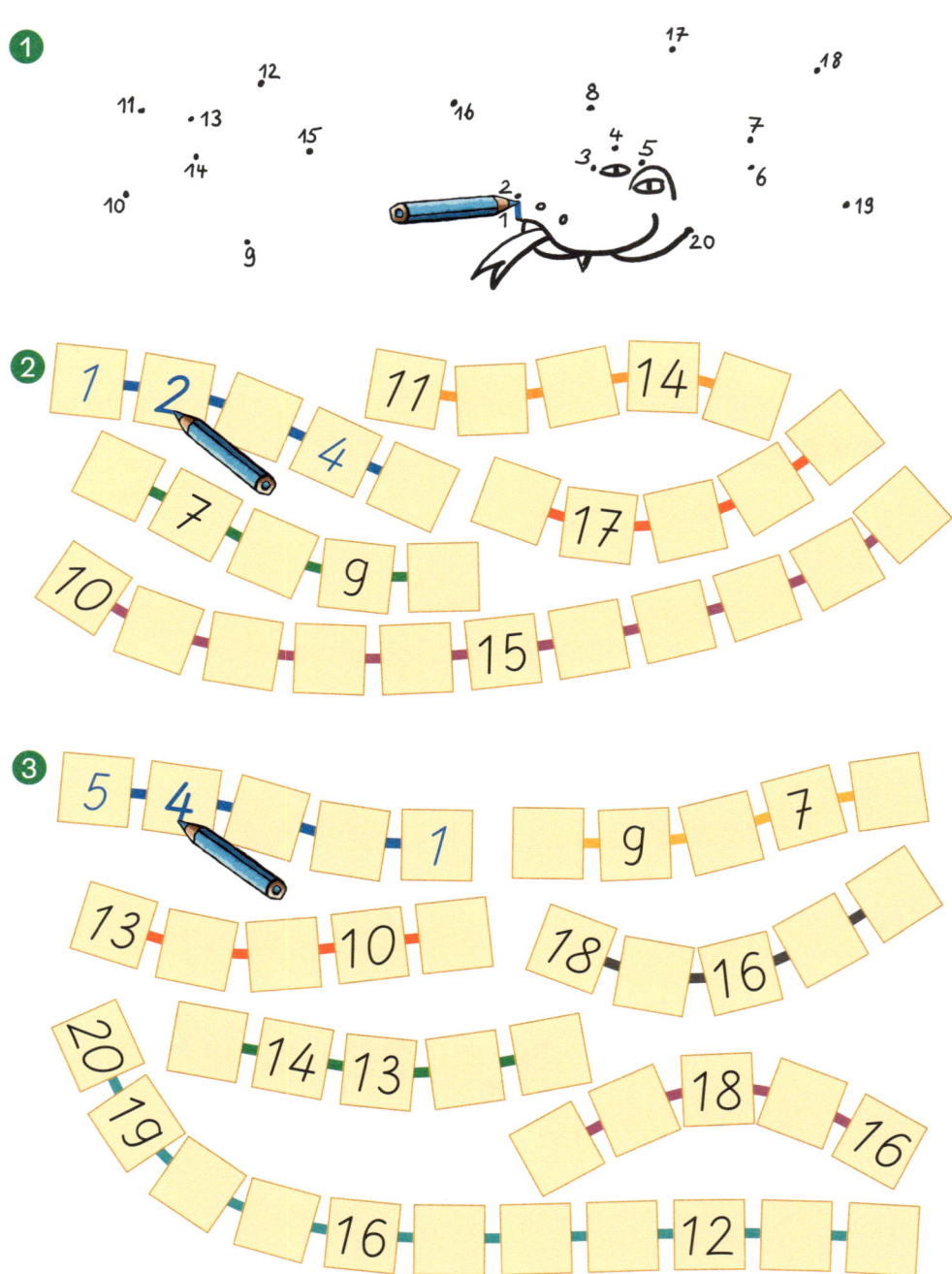

1

10 < 12   20 ◯ 16   9 ◯ 12
9 ◯ 15   15 ◯ 17   14 ◯ 11
18 ◯ 13   13 ◯ 11   19 ◯ 18

2

9 < 11   ☐ > 15   ☐ > 11
12 < ☐   ☐ > 10   15 < ☐
16 > ☐   ☐ > 19   ☐ < 20

3

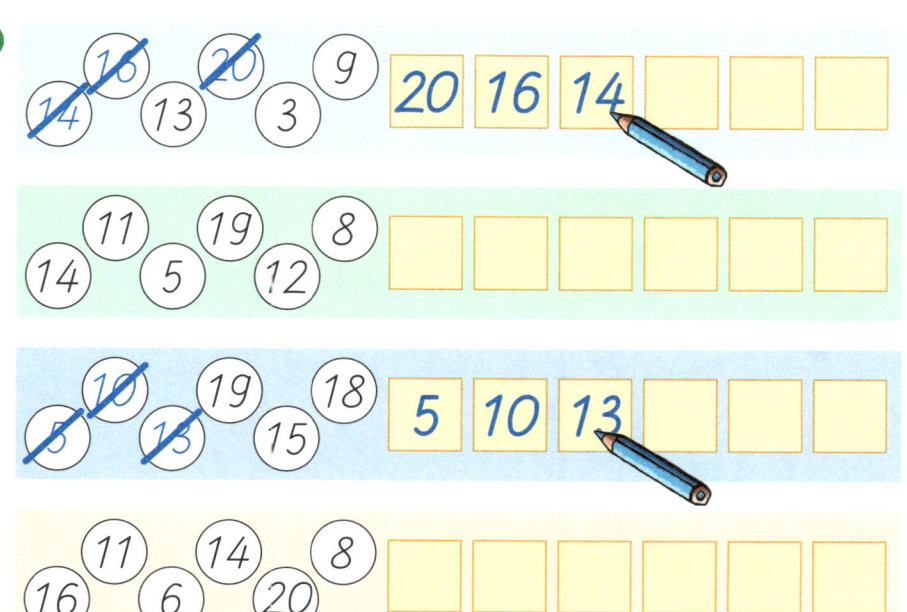

Gerade und ungerade Zahlen

1

Gerade Zahlen kann man halbieren.

$$10 + 10 = 20$$
$$20 = 10 + 10$$

$$6 + 6 = \boxed{}$$
$$12 = \boxed{} + \boxed{}$$

$$3 + 3 = \boxed{}$$
$$6 = \boxed{} + \boxed{}$$

$$8 + 8 = \boxed{}$$
$$16 = \boxed{} + \boxed{}$$

$$5 + 5 = \boxed{}$$
$$10 = \boxed{} + \boxed{}$$

$$9 + 9 = \boxed{}$$
$$18 = \boxed{} + \boxed{}$$

$$7 + 7 = \boxed{}$$
$$14 = \boxed{} + \boxed{}$$

2

gerade Zahlen	ungerade Zahlen

Verwandte Plus- und Minusaufgaben lösen

❶

$2 + 3 = 5$

$12 + 3 = 15$

$5 + 4 = \square$

$15 + 4 = \square$

$8 + 2 = \square$

$18 + 2 = \square$

$6 + 3 = \square$

$16 + 3 = \square$

$7 + 2 = \square$

$17 + 2 = \square$

$5 + 5 = \square$

$15 + 5 = \square$

❷

$5 - 2 = \square$

$15 - 2 = \square$

$7 - 4 = \square$

$17 - 4 = \square$

$4 - 3 = \square$

$14 - 3 = \square$

$3 - 2 = \square$

$13 - 2 = \square$

$5 - 3 = \square$

$15 - 3 = \square$

$6 - 5 = \square$

$16 - 5 = \square$

Plus- und Minusaufgaben lösen

1

$5 + 3 = 8$

$15 + 3 = \square$

5 + 3 = 8

$\square + \square = \square$ $\square + \square = \square$

$13 + 2 = \square$ $16 + 4 = \square$

7 - 2

2

$\square - \square = \square$ $\square - \square = \square$

$17 - 2 = \square$ $16 - 4 = \square$

$\square - \square = \square$ $\square - \square = \square$

$19 - 6 = \square$ $17 - 6 = \square$

3

$15 + 4 = \square$ $18 - 6 = \square$

$16 + 3 = \square$ $14 - 3 = \square$

$13 + 6 = \square$ $17 - 5 = \square$

$12 + 4 = \square$ $16 - 3 = \square$

1

$2 + 3 = 5$
$12 + 3 = 15$

$4 + \boxed{} = 8$
$14 + \boxed{} = 18$

$1 + \boxed{} = 7$
$11 + \boxed{} = 17$

$3 + \boxed{} = 10$
$13 + \boxed{} = 20$

2

$6 - \boxed{} = 2$
$16 - \boxed{} = 12$

$4 - \boxed{} = 1$
$14 - \boxed{} = 11$

$10 - \boxed{} = 6$
$20 - \boxed{} = 16$

$7 - \boxed{} = 2$
$17 - \boxed{} = 12$

3

$11 + \boxed{} = 16$
$13 + \boxed{} = 17$
$14 + \boxed{} = 19$
$16 + \boxed{} = 20$

$16 - \boxed{} = 11$
$18 - \boxed{} = 15$
$19 - \boxed{} = 13$
$20 - \boxed{} = 17$

Ergänzungsaufgaben lösen

1 5 🖊 rot 6 🖊 grün 7 🖊 gelb 8 🖊 blau 9 🖊 braun

10 + ☐ = 18

12 + ☐ = 20

10 + ☐ = 19

11 + ☐ = 16

20 − ☐ = 12

18 − ☐ = 13

11 + ☐ = 19

11 + ☐ = 18

19 − ☐ = 10

17 − ☐ = 12

19 − ☐ = 11

12 + ☐ = 19

20 − ☐ = 15

18 − ☐ = 11

11 + ☐ = 20

12 + ☐ = 18

Plusaufgaben mit Punktebildern lösen

1 Schreibe zu jedem Punktebild die Plusaufgabe.

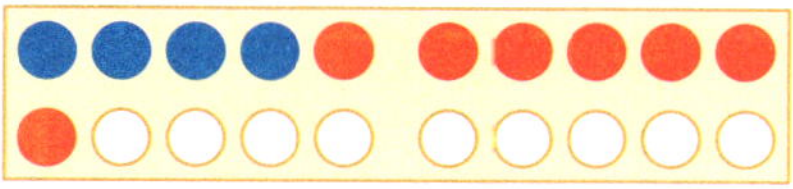

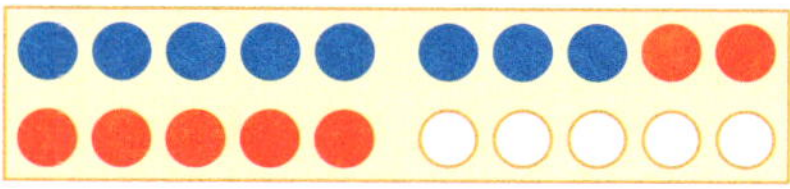

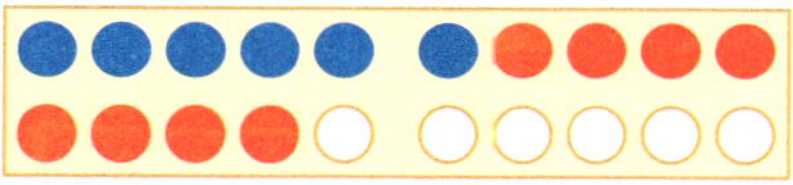

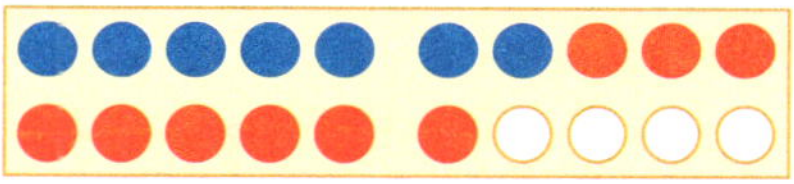

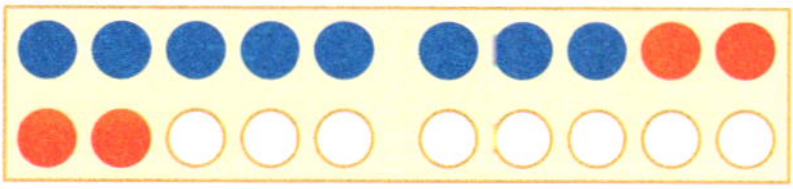

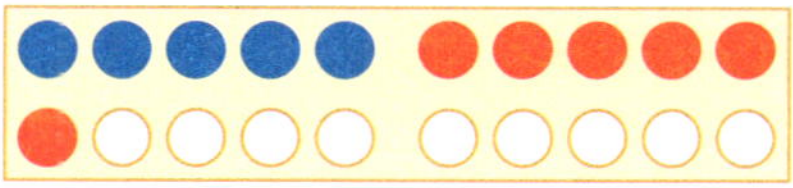

$\boxed{} + \boxed{} = \boxed{}$

$\boxed{} + \boxed{} = \boxed{}$

$\boxed{} + \boxed{} = \boxed{}$

$\boxed{} + \boxed{} = \boxed{}$

$\boxed{} + \boxed{} = \boxed{}$

$\boxed{} + \boxed{} = \boxed{}$

2 Zeichne zu jeder Plusaufgabe ein Punktebild.

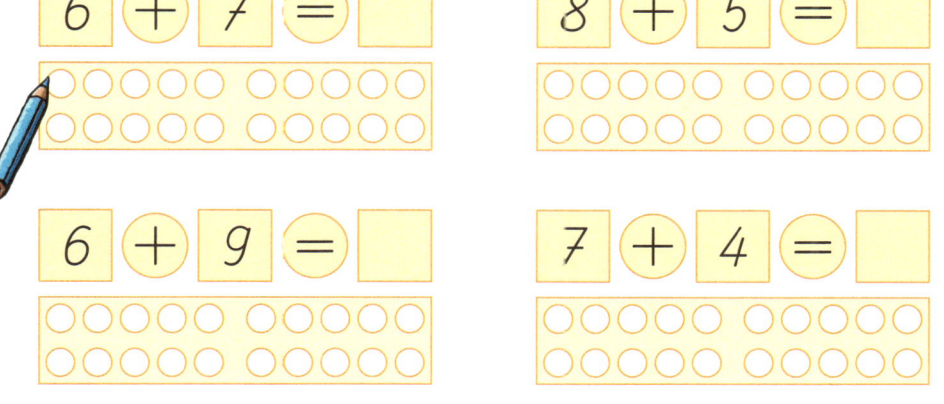

$6 + 7 = \boxed{}$

$8 + 5 = \boxed{}$

$6 + 9 = \boxed{}$

$7 + 4 = \boxed{}$

1 Verbinde die Nachbaraufgaben und löse sie.

5 + 6 = ☐	3 + 4 = ☐	7 + 8 = ☐
7 + 7 = ☐	5 + 5 = ☐	3 + 3 = ☐

4 + 4 = ☐	8 + 8 = ☐	6 + 6 = ☐
7 + 6 = ☐	5 + 4 = ☐	9 + 8 = ☐

2 Rechne zuerst die einfache Nachbaraufgabe mit der 10.

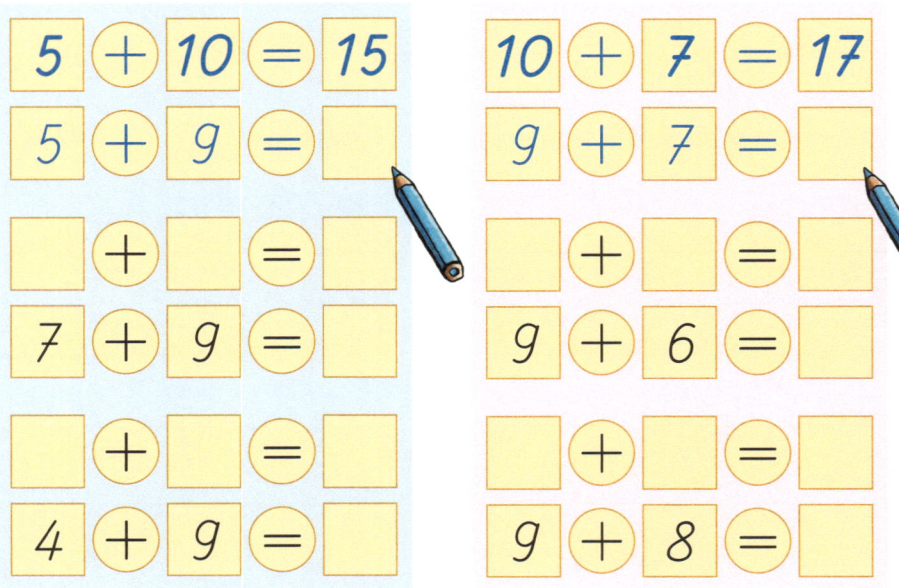

$5 + 10 = 15$
$5 + 9 = ☐$
$☐ + ☐ = ☐$
$7 + 9 = ☐$
$☐ + ☐ = ☐$
$4 + 9 = ☐$

$10 + 7 = 17$
$9 + 7 = ☐$
$☐ + ☐ = ☐$
$9 + 6 = ☐$
$☐ + ☐ = ☐$
$9 + 8 = ☐$

Plusaufgaben in 2 Schritten lösen

1 Bestimme das Ergebnis mit den Rechenschritten der Kinder.

Maja

$8 + 6 = \boxed{}$

$8 + 8 - 2 = 14$

Tom

$5 + 6 = \boxed{}$

$5 + 5 + 1 = \boxed{}$

Sofie

$8 + 9 = \boxed{}$

$8 + 10 - 1 = \boxed{}$

Ole

$7 + 8 = \boxed{}$

$7 + 7 + 1 = \boxed{}$

Anne

$8 + 4 = \boxed{}$

$8 + 2 + 2 = \boxed{}$

Patrick

$6 + 7 = \boxed{}$

$7 + 7 - 1 = \boxed{}$

1 Rechne bis 10 und dann weiter.

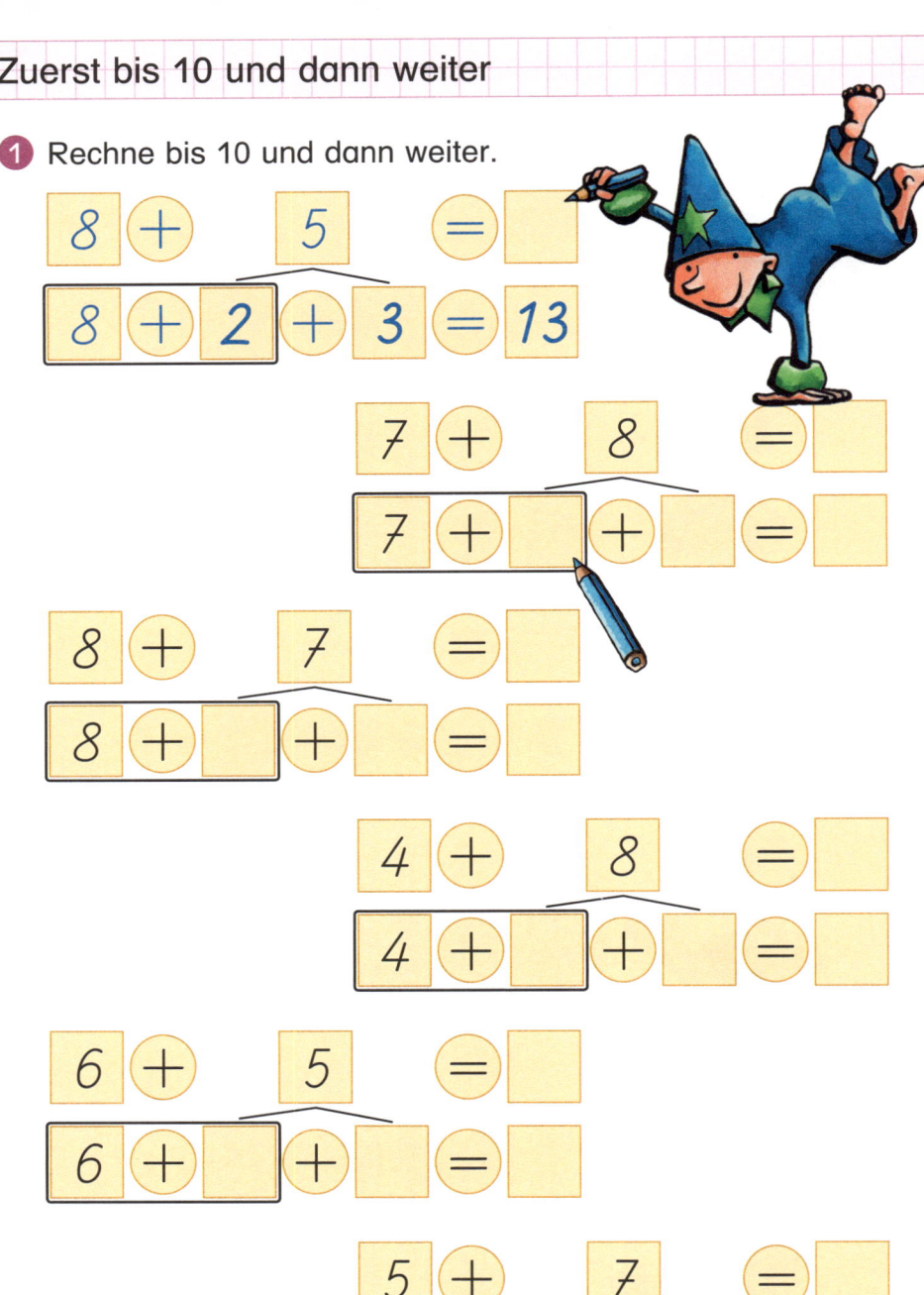

$8 + 5 = \boxed{}$

$8 + 2 + 3 = 13$

$7 + 8 = \boxed{}$

$7 + \boxed{} + \boxed{} = \boxed{}$

$8 + 7 = \boxed{}$

$8 + \boxed{} + \boxed{} = \boxed{}$

$4 + 8 = \boxed{}$

$4 + \boxed{} + \boxed{} = \boxed{}$

$6 + 5 = \boxed{}$

$6 + \boxed{} + \boxed{} = \boxed{}$

$5 + 7 = \boxed{}$

$5 + \boxed{} + \boxed{} = \boxed{}$

Plusaufgaben üben

1 Rechne und trage die Ergebnisse ein.

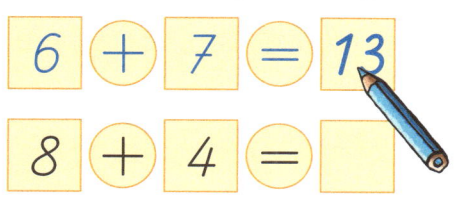

$6 + 7 = 13$ $7 + 4 = $

$8 + 4 = $ $5 + 7 = $

$9 + 5 = $ $8 + 5 = $

$7 + 7 = $ $6 + 8 = $

2 Fülle die Tabellen aus.

+	6	7	8	9
6	12			
7				
8				
9				

+	8	5	4	7
10				
9				
7				
5				

3 Verbinde Aufgaben und Ergebnisse.

$4+8$	$7+6$		$8+5$
$7+8$	$9+6$	13	$5+9$
$5+7$	$7+7$	14	$9+4$

12   15

Minusaufgaben mit Punktebildern lösen

1 Schreibe zu jedem Punktebild die Minusaufgabe.

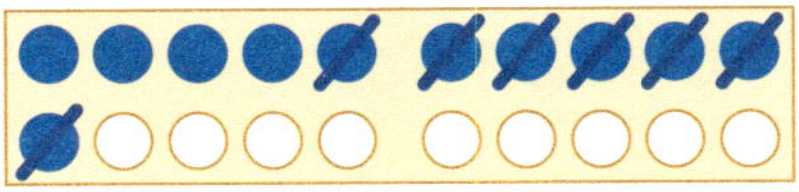

$11 - 7 = \boxed{}$

$\boxed{} - \boxed{} = \boxed{}$

$\boxed{} - \boxed{} = \boxed{}$

$\boxed{} - \boxed{} = \boxed{}$

$\boxed{} - \boxed{} = \boxed{}$

$\boxed{} - \boxed{} = \boxed{}$

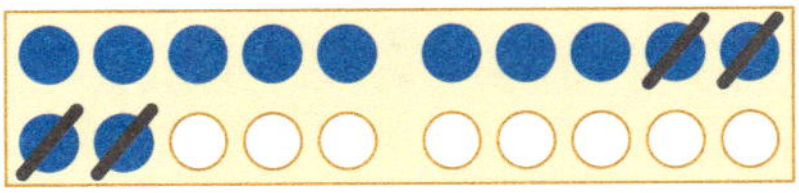

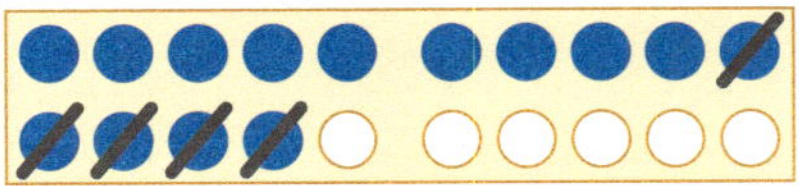

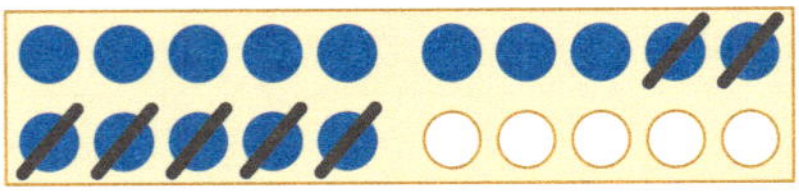

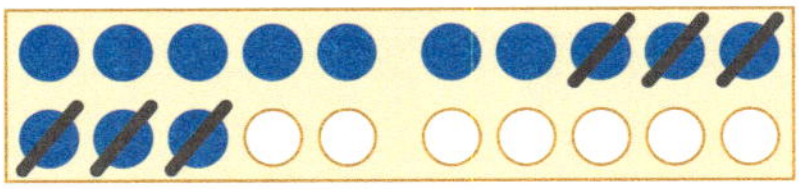

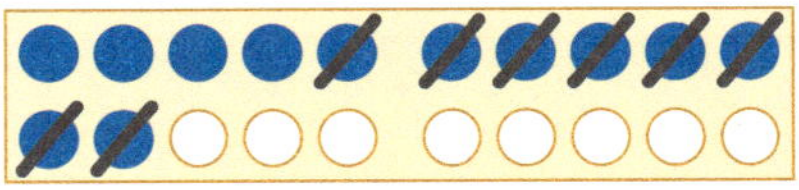

2 Zeichne zu jeder Minusaufgabe ein Punktebild.

$12 - 5 = \boxed{}$ 　 $13 - 7 = \boxed{}$

$15 - 8 = \boxed{}$ 　 $11 - 4 = \boxed{}$

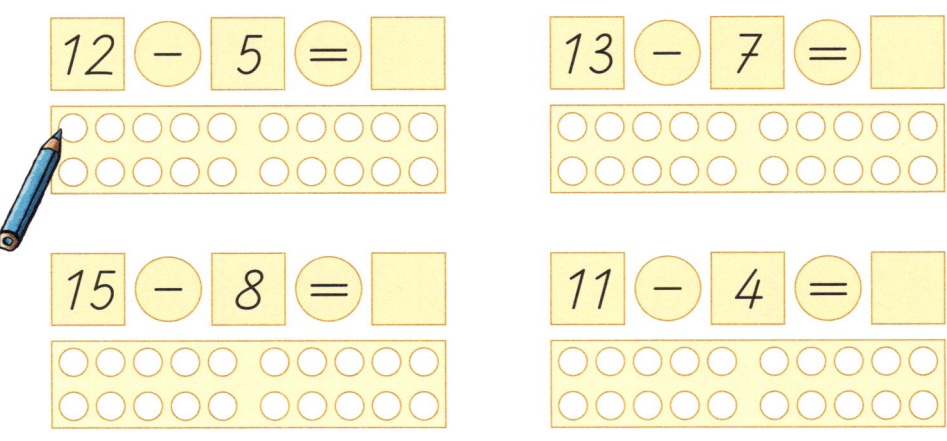

1 Verbinde die Nachbaraufgaben und löse sie.

$12 - 7 =$ ☐	$14 - 8 =$ ☐	$16 - 9 =$ ☐
$14 - 7 =$ ☐	$12 - 6 =$ ☐	$16 - 8 =$ ☐
$18 - 9 =$ ☐	$10 - 5 =$ ☐	$14 - 7 =$ ☐
$11 - 5 =$ ☐	$15 - 7 =$ ☐	$19 - 9 =$ ☐

2 Rechne zuerst die einfache Nachbaraufgabe mit der 10.

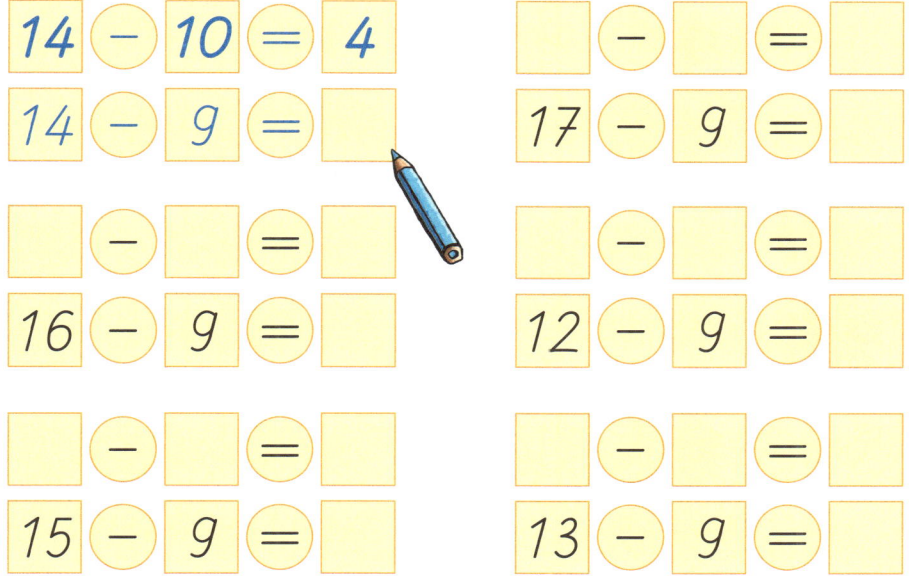

$14 - 10 = 4$

$14 - 9 = $ ☐

☐ $- $ ☐ $= $ ☐

$16 - 9 = $ ☐

☐ $- $ ☐ $= $ ☐

$15 - 9 = $ ☐

☐ $- $ ☐ $= $ ☐

$17 - 9 = $ ☐

☐ $- $ ☐ $= $ ☐

$12 - 9 = $ ☐

☐ $- $ ☐ $= $ ☐

$13 - 9 = $ ☐

1 Bestimme das Ergebnis mit den Rechenschritten der Kinder.

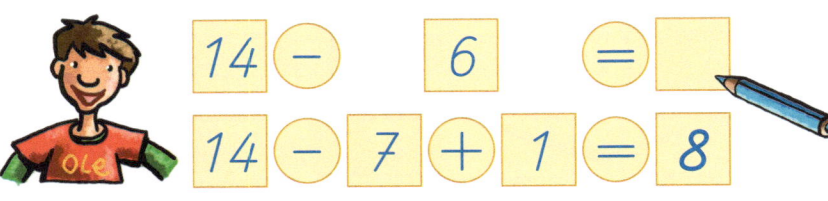

$14 - 6 = \square$

$14 - 7 + 1 = 8$

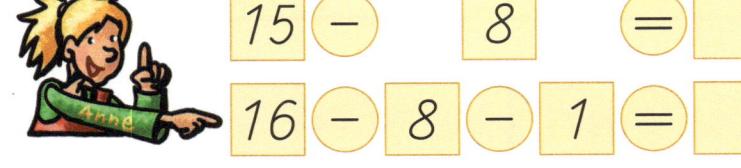

$15 - 8 = \square$

$16 - 8 - 1 = \square$

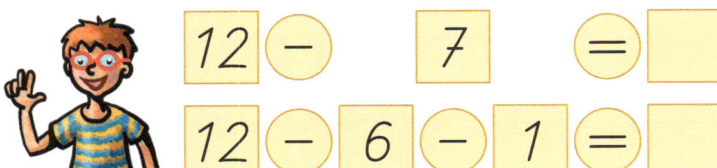

$12 - 7 = \square$

$12 - 6 - 1 = \square$

$11 - 5 = \square$

$10 - 5 + 1 = \square$

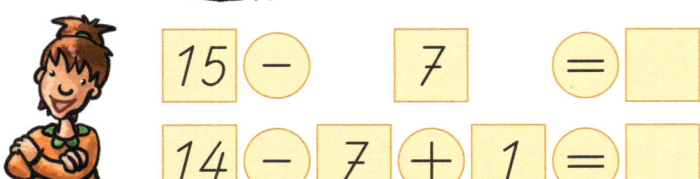

$15 - 7 = \square$

$14 - 7 + 1 = \square$

$14 - 8 = \square$

$14 - 7 - 1 = \square$

Zuerst bis 10 und dann weiter

1 Rechne bis 10 und dann weiter.

12 − 5 = ☐
12 − 2 − 3 = 7

13 − 6 = ☐
13 − ☐ − ☐ = ☐

15 − 8 = ☐
15 − ☐ − ☐ = ☐

11 − 7 = ☐
11 − ☐ − ☐ = ☐

14 − 6 = ☐
14 − ☐ − ☐ = ☐

13 − 9 = ☐
13 − ☐ − ☐ = ☐

1 Rechne und trage die Ergebnisse ein.

$12 - 5 =$ ☐ $13 - 6 =$ ☐

$14 - 9 =$ ☐ $14 - 5 =$ ☐

$11 - 6 =$ ☐ $13 - 8 =$ ☐

$15 - 8 =$ ☐ $12 - 7 =$ ☐

2 Fülle die Tabellen aus.

−	2	4	6	8
12				
13				
14				
15				

−	9	3	7	5
17				
15				
11				
13				

3 Verbinde Aufgaben und Ergebnisse.

$11 - 5$ 6 $14 - 8$ 8 $14 - 9$

$15 - 8$ $13 - 5$ $12 - 4$

$13 - 6$ 7 $16 - 9$ 5 $11 - 6$

Plus- und Minusaufgaben üben (1)

1 Rechne.

4	+	7	=	11	
8	+	8	=		
9	+	7	=		
2	+	9	=		

8	+	6	=	
9	+	9	=	
8	+	3	=	
6	+	9	=	

2 Rechne.

12	−	4	=	
14	−	8	=	
13	−	5	=	
12	−	8	=	

13	−	7	=	
14	−	6	=	
11	−	6	=	
13	−	9	=	

3 Rechne.

5	+	8	=	
11	−	4	=	
6	+	8	=	

17	−	8	=	
8	+	4	=	
14	−	5	=	

Plus- und Minusaufgaben üben (2)

1 Ergänze die Rechenhäuser.

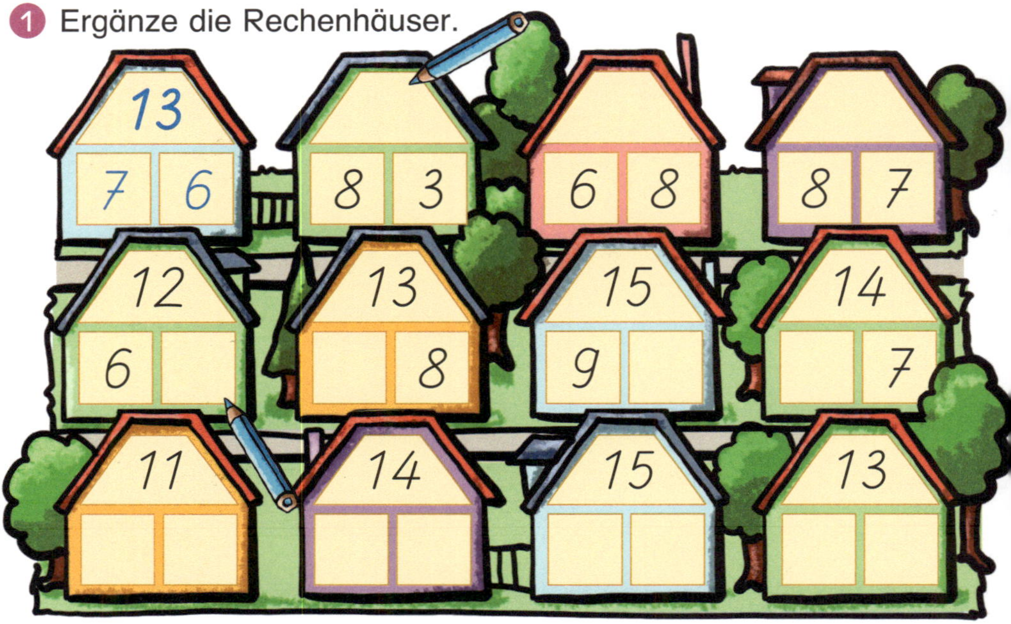
13
7 6
8 3
6 8
8 7
12
6
13
8
15
9
14
7
11
14
15
13

2 Ergänze die Rechenmauern.

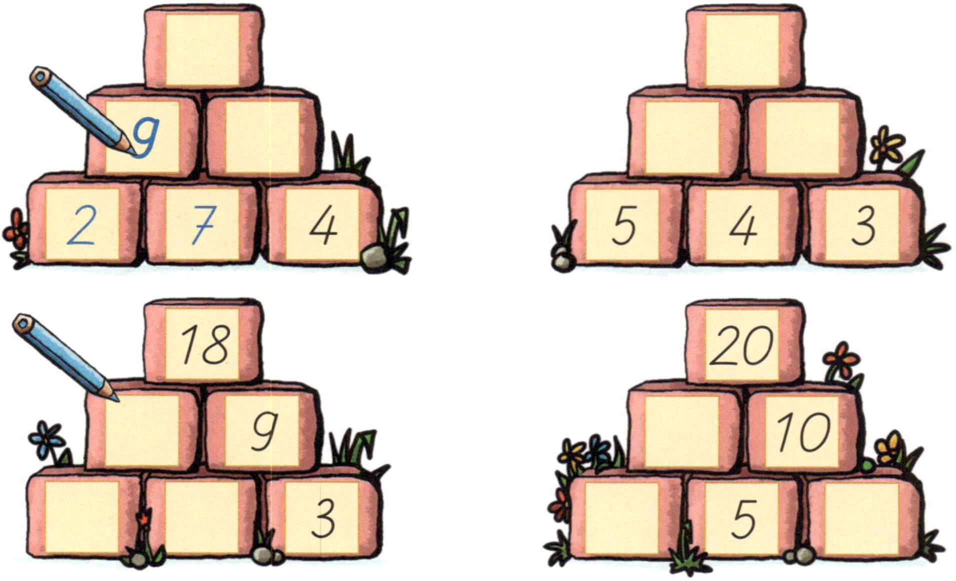
9
2 7 4
5 4 3
18
9
3
20
10
5

 Rechnen bis 20

1 Ordne zu.

 10

20

 30

40

50

 60

70

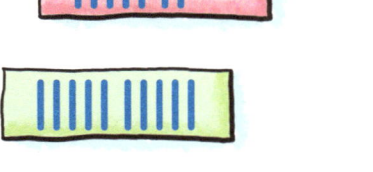 80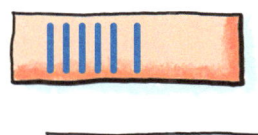

90

100

2 Zeichne.

20			40	
50			10	
30			80	
70			100	
90			60	

1 Ermittle den Gesamtbetrag.

<u>5 €</u>

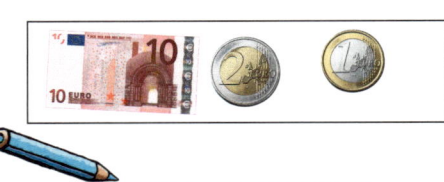

_____

_____

_____

<u>12 ct</u>

_____

_____

_____

<u>4 € 15 ct</u>

_____

_____

_____

Gesamtpreis berechnen

1 Berechne den Gesamtpreis.

$8€$ $+$ $8€$ $=$ $16€$ Es kostet $\underline{16}$ Euro.

$€$ $+$ $€$ $=$ $€$ Es kostet ____ Euro.

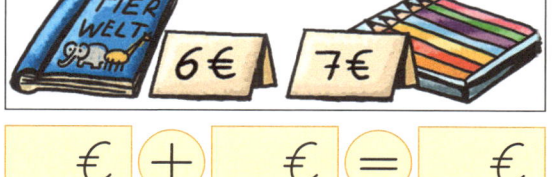

$€$ $+$ $€$ $=$ $€$ Es kostet ____ Euro.

$€$ $+$ $€$ $=$ $€$ Es kostet ____ Euro.

$€$ $+$ $€$ $=$ $€$ Es kostet ____ Euro.

Rückgeld berechnen

1 Berechne das Rückgeld.

| 10 € | − | 7 € | = | 3 € |

Zurück: _3 €_

| € | − | € | = | € |

Zurück: _____

| € | − | € | = | € |

Zurück: _____

| € | − | € | = | € |

Zurück: _____

| € | − | € | = | € |

Zurück: _____

Uhrzeiten zuordnen, Zeigerstellung einzeichnen

1 Verbinde Uhrzeiten und Zeigerstellung passend.

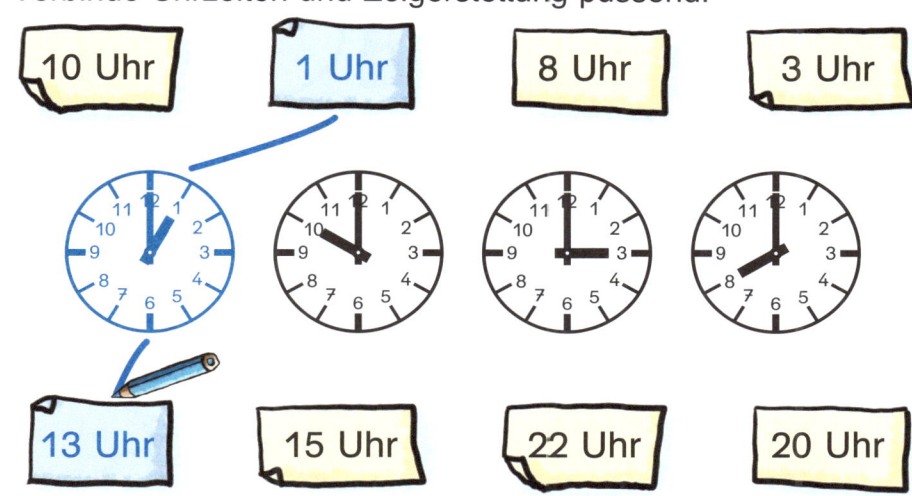

| 10 Uhr | 1 Uhr | 8 Uhr | 3 Uhr |

| 13 Uhr | 15 Uhr | 22 Uhr | 20 Uhr |

2 Trage die Zeigerstellung ein.

4 Uhr    17 Uhr 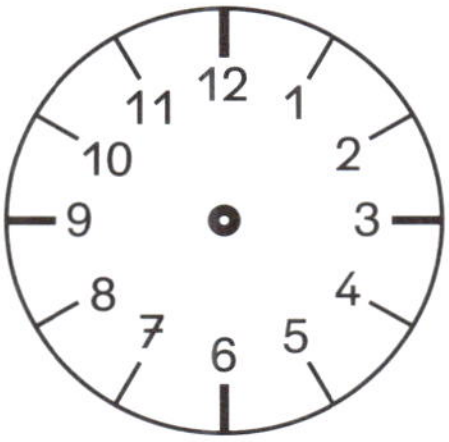   9 Uhr

11 Uhr    18 Uhr    16 Uhr

Kleidungsstücke kombinieren – alle Möglichkeiten finden

Toms Hosen

Toms Pullis

1 Finde alle Möglichkeiten wie Tom sich anziehen kann. Male an.

Was ziehe ich heute an?

Symmetrie erkennen – Symmetrieachsen einzeichnen

1 Zeichne die Halbierungslinien (Symmetrieachsen) ein.
Benutze ein Lineal.

Figuren symmetrisch ergänzen

1 Verbinde die Hälften, die zusammengehören.

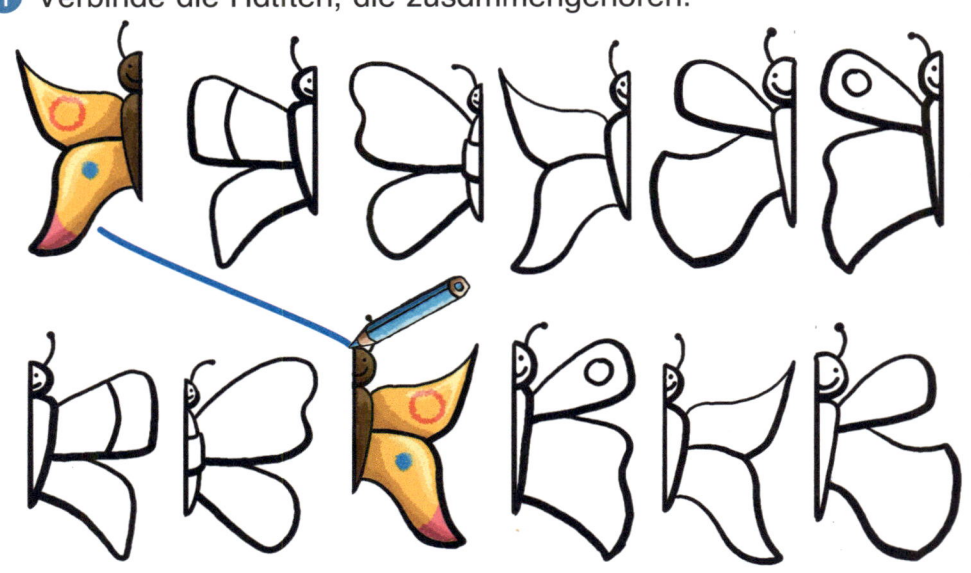

2 Male die Blumen fertig an. Sie sollen symmetrisch sein.